Dackel

Dackel

Ein fröhliches Wörterbuch für Herrchen, Frauchen, verständnisvolle Nachbarn, leidgeprüfte Briefträger, Rauh-, Kurz- und Langhaardackel sowie alle, die dem treuen Dackelblick nicht widerstehen können.

Von Norbert Bartnik
mit Zeichnungen von Brian Bagnall

TOMUS

Satz und Druck: Schwabenverlag AG, Ostfildern
Bindearbeiten: Sigloch Buchbinderei, Künzelsau
Auflage Jahr
1 2 3 4 5 6 92 91 90 89
Jeweils erste und letzte Zahl maßgeblich

ISBN 3-8231-0162-5

Ich bin der Größte!

Ägypten

A

Abfall Besonders delikater Leckerbissen für den kulinarisch aufgeschlossenen Dackel. Abfall gewinnt durch lange Ablagerung an Würze und stellt alle herkömmlichen Hundecräckies in den Schatten. Häufig ist Abfall zu sogenannten Abfallhaufen aufgeschichtet, wo man nicht nur manch schmackhaften Fund macht, sondern sich auch ausgiebig wälzen kann.

Ägypten Heimat einer der bedeutendsten menschlichen Kulturen und des Ur-Dackels. Dieses im alten Ägypten nachgewiesene Wesen hatte zwar noch etwas längere Beine, entsprach aber sonst in den meisten körperlichen Eigenschaften dem späteren Dakkel. Der Ur-Dackel genoß in Ägypten höchstes Ansehen. Überzeugte Dackelforscher vertreten sogar die Ansicht, daß bei der Gestaltung der Sphinx, insbesondere was ihren rätselhaften Blick angeht, der Ur-Dackel wichtige Anregungen gab.

Ahnentafel Erlesener, meist auf Bütten gedruckter Adelsnachweis, der dem Dackel den Zugang zu den feinsten Schichten der Gesellschaft öffnet und auch Herrchen und Frauchen zu Ruhm und Ehre verhilft. Ein Dackel ohne Ahnentafel gilt als Un-Dackel und ist demnach gar nicht existent.

Ajax Klassischer Hundename, der insbesondere monströsen Wachhunden vorbehalten ist. Wer seinen Dackel „Ajax" tauft, sollte bedenken, daß er ihn damit einem erhöhten Erwartungsdruck aussetzt, der nicht immer eingelöst werden kann (siehe auch Waldi).

Alleinsein Zeitspanne, in der man von Herrchen und Frauchen schnöde im Stich gelassen wird, obwohl man durch allerliebste Blicke,

Männchenmachen und erbarmungswürdiges Winseln gezeigt hat, wie gern man mitgehen würde. Wer auf diese Weise mißachtet und vergessen wird, hat das moralische Recht, sich die Zeit des Alleinseins mit allerlei Untaten zu vertreiben. Das Zerkratzen der Tür und das Zerfetzen der Gardinen sind das Mindeste, was man in diesem Fall tun kann. Derlei Aktionen mildern die momentane Frustration, setzen aber auch ein Zeichen für die Zukunft. Herrchen und Frauchen werden es sich demnächst zweimal überlegen, ob sie ihren Schatz erneut alleinlassen sollen.

Angst Schwächlichkeit verratende Gefühlsregung, die ein Dackel nicht kennt. Sollte sie doch einmal von ihm Besitz ergreifen, wird sie durch energisches Bellen, Umherspringen und Zähnefletschen sofort vertrieben.

Annäherung Langfristiges Ergebnis der Beziehung zwischen Hund und Hundehalter, die sich in Gesichtsausdruck und Wesen immer ähnlicher werden, bis man sie am Ende nur noch mit Mühe auseinanderhalten kann.

Apport Befehlswort aus der Herrchen-Sprache, das ein selbstbewußter Dackel konsequent ignoriert. Während sklavische Schäferhunde sich nicht zu schade sind, jedem albernen Stöckchen hinterherzuspringen und es ihrem Herrn gehorsam vor die Füße zu legen, reagiert der Dackel nur mit Kopfschütteln. Das Apportieren (lat. = „herbringen“) liegt weit unter der Würde des Dackels, demgegenüber widmet er sich dem Deportieren (lat. = „wegbringen“) mit großer Hingabe und Ausdauer. Deportiert werden zum Beispiel Socken, Hausschuhe, Unterhosen, Schals und dergleichen – und das so gründlich, daß Herrchen immer wieder viel Freude bei diesem heiteren Suchspiel hat.

Angst

Baum

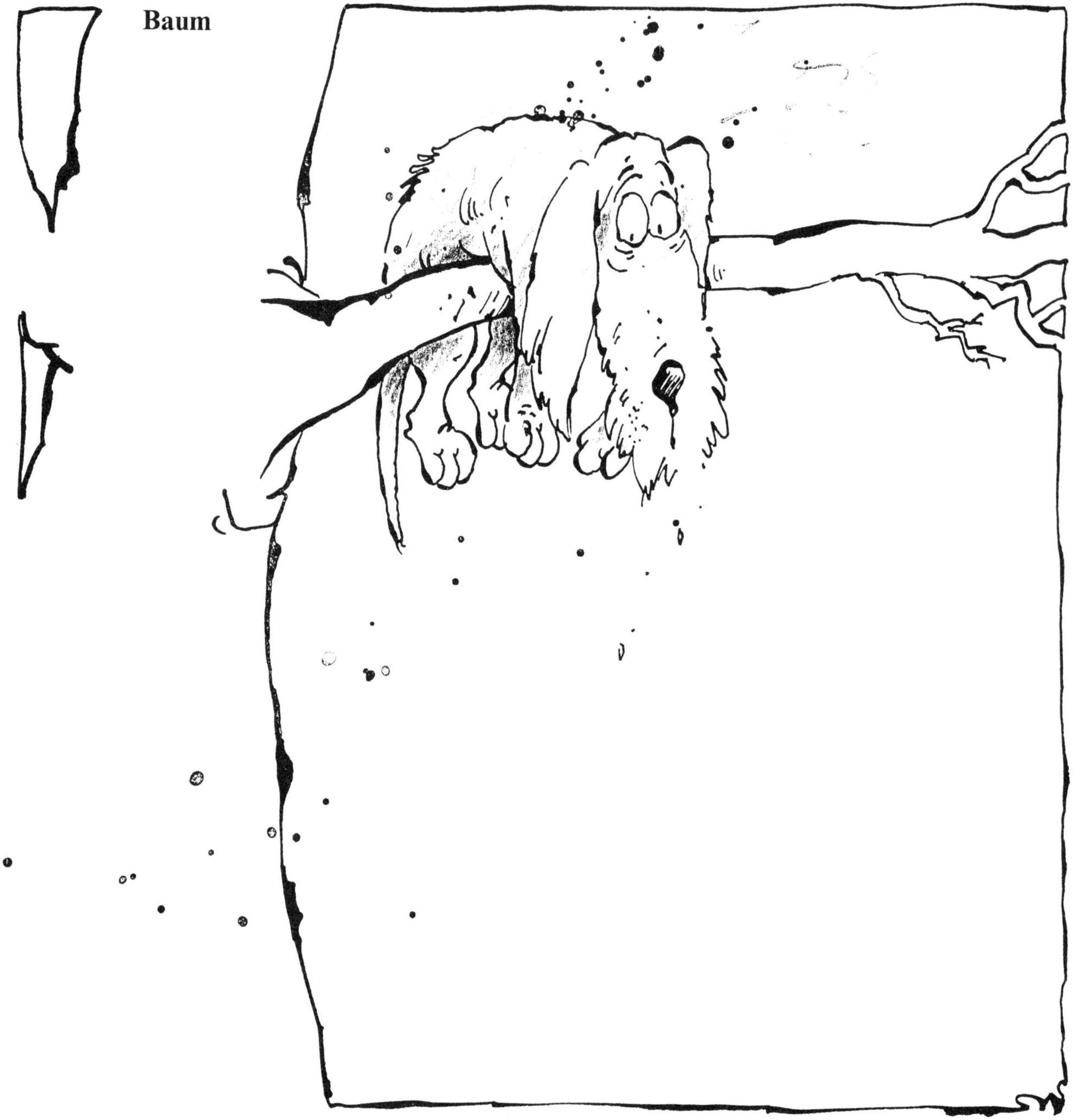

Auf! Neben „Sitz!“, „Komm!“ und „Faß!“ das vierte markante Befehlswort, das laut einschlägiger Literatur auch der sonst ausgesprochen bildungsscheue Dackel zu lernen hat. Der Dackel, der zuvor schon den Befehl „Sitz!“ ignoriert hat, kann freilich den Befehl„Auf!“ erst recht überhören, weil er sowieso schon steht.

Augen Zierde des Dackels, die weniger zum Sehen und mehr zum Gesehenwerden dient (siehe auch Dackelblick).

Auto Gefängnis auf vier Rädern, in dem man gelegentlich von einem Ort zum anderen transportiert wird, unter anderem zum Tierarzt, der einen mit grausigen Nadeln piesackt, oder zu anderen Zweibeinern, die sich über elementare Dackelinteressen hinwegsetzen. Der Aufenthalt im Auto läßt sich durch kräftiges Bellen, Japsen, Jaulen und Herumtollen halbwegs vergnüglich gestalten.

B

Baden Eine überwiegend furchtbare Berührung mit dem nassen Element, die dem erdverbundenen Dackel zutiefst zuwider ist. Mindestens einmal im Jahre wird man dabei unter Herrchens oder Frauchens Anleitung in eine Wanne getaucht und mit übelriechenden Essenzen wie zum Beispiel Hundeshampoo eingeschäumt. Den ätzenden Geruch bekommt man wochenlang nicht aus dem Fell heraus, da hilft nur ein sofortiges Wälzen in frischem Mist.

Baum Mit vielfältigen Duftnoten versehene Stange, die in unregelmäßigen Abständen im Boden steckt. Als Dackel-Herr von Welt kommt man an keinem Baum vorbei, ohne ihm durch Heben des Beines gebührend seine Referenz zu erweisen.

Beine

Besondere Zierde des Dackels, die aufgrund ihrer geringen Länge eine hohe Bodenhaftung garantiert. Im Gegensatz zu Doggen und Windhunden, deren Körper in großer Entfernung von den Füßen angesiedelt ist, wirkt der Dackel äußerst erdnah und braucht keine gefährlichen Stürze zu fürchten.

Bellblase

Inneres Organ des Hundes, das irgendwo zwischen Kehlkopf und Stimmbändern angesiedelt ist. Die Bellblase wurde erstmals von Kurt Tucholsky in seinem „Traktat über den Hund" beschrieben, während es der Biologie bislang nicht gelang, sie eindeutig nachzuweisen. Vergleichbar ist die Bellblase mit der Harnblase. Sie ist ein Sammelbehälter für Erregungen aller Art und muß regelmäßig entleert werden. Beim Dackel ist die Bellblase gemessen an der Körpergröße überproportional ausgebildet.

---

bellen

Ein in zahllosen Facetten schillernder Wohllaut, mit dem man andere Hunde nervös machen, schlafende Herrchen wecken, aber auch die lieben Nachbarn erfreuen kann. Für ein nur mit geringer Körpergröße gesegnetes Tier wie den Dackel ist das Bellen eine unbedingte Notwendigkeit, um auf die eigene Existenz aufmerksam zu machen. Je kleiner ein Hund ist, um so ausgiebiger kann er bellen. Hunde, die nicht bellen, bekommen Magengeschwüre.

Bierdackel

Hunderasse, die insbesondere in München und dort wiederum vornehmlich in den Biergärten anzutreffen ist. Der Bierdackel hat seinen Namen nicht nur von seinem bierseligen Herrchen, sondern auch von seiner eigenen gelegentlichen Vorliebe für einen guten Schluck.

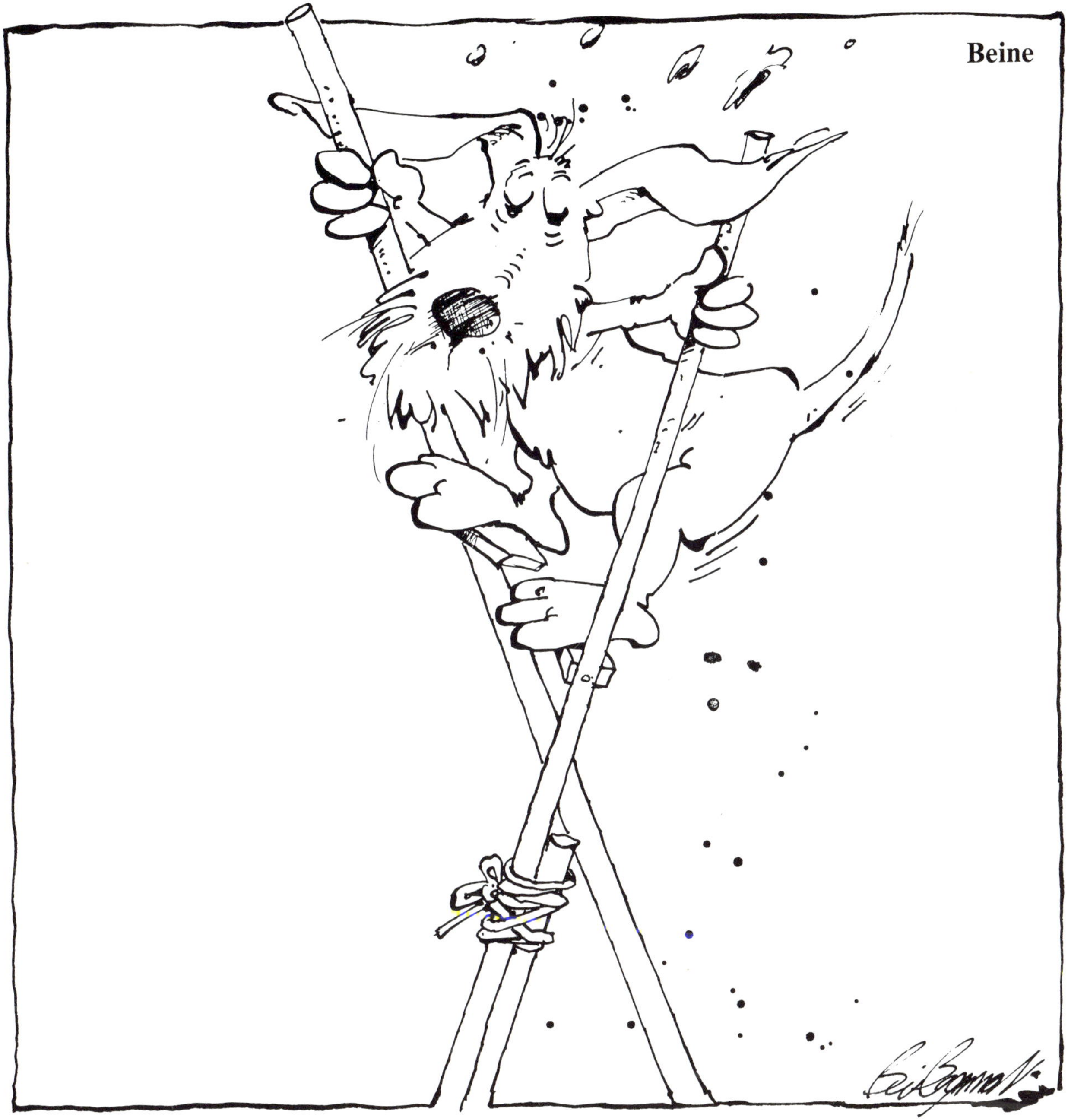
Beine

bissig

bissig

Meist abwertend gebrauchte Bezeichnung für kämpferisch eingestellte Hunde. Daß Dackel als besonders beißfreudig gelten, hängt schlicht damit zusammen, daß sie häufig übersehen und getreten werden, was eine entsprechend heftige Gegenreaktion zur Folge hat. Aus eigenem Antrieb beißt ein durchschnittlicher Dackel nur zu, wenn es wirklich notwendig ist: Zum Beispiel, wenn Briefträger oder Vertreter sich aufs Grundstück wagen oder Jogger die Gegend unsicher machen.

blasiert

Gesichtsausdruck von besonders vornehmen Dackeln, die auf eine absolut erstklassige Ahnengalerie verweisen können. Weil sie so vornehm sind, dürfen sie sich nicht schmutzig machen, müssen eine strenge Diät einhalten und sollen nicht mit anderen Hunden spielen.

Box

Hundegefängnis, das insbesondere bei Ausstellungen Verwendung findet. Diese Form der Isolationshaft wird noch dadurch verschlimmert, daß man aus den Boxen nebenan ständig die Gerüche und das Gebell anderer Hunde vernimmt, mit denen man gerne herumtollen würde. Während die Hunde in der Box sitzen, machen sich die Besitzer einen feinen Lenz, führen große Reden und sitzen mit den anderen Zweibeinern bei Kaffee und Kuchen zusammen. Die einzige Möglichkeit, sich zu rächen, besteht für den Hund darin, bei der anschließenden Vorführung alles falsch zu machen und ein besonders grimmiges Gesicht zu ziehen.

Bracke

Frühe Form des Dackels, die allerdings noch unter unnatürlich langen Beinen litt. Durch die geglückte Verbindung mit Pinschern, Wachtelhunden, Spaniels und Terriern gelang es allmählich, diesen Makel abzustreifen und unsere heutigen bodenständigen Dackel zu erschaffen.

Bremstaste

Brutales Würgemittel, das in technologisch fortgeschrittenen Hundeleinen eingebaut ist, die dem Hund vortäuschen, er könne sich frei bewegen. Wenn Herrchen oder Frauchen einmal besonders gemein sein wollen, betätigen sie die Bremstaste gerade dann, wenn man in vollem Lauf davonsausen will. Wer sich auf Dauer nicht tyrannisieren lassen will, schnappt sich die Leine in einem unbewachten Augenblick und vergräbt sie irgendwo im Garten. Wer sich das nicht zutraut, muß darauf vertrauen, daß die Bremstaste durch andauerndes konsequentes Zerren ihren Dienst versagt.

Briefträger

Beliebtes Jagdobjekt für Hausdackel, die auf Fuchs und Kaninchen verzichten müssen. Da der Briefträger täglich fast zur gleichen Zeit an der Haustür erscheint, kann man ihm gut auflauern. Besonders ergiebig sind seine blauen Hosenbeine, an denen man sich gut festbeißen kann. Wer den Briefträger nicht zu fassen bekommt, läßt seinen Unmut zumindest an den abgelieferten Briefen aus, die sich ebenfalls gut zerfetzen lassen (siehe auch Post).

C

Couch

Warme und weiche Liegestätte, die im Gegensatz zu dem ebenerdigen Körbchen auch eine gute Übersicht bietet. Den einmal eingenommenen Platz auf der Couch gilt es mit List und Härte gegen andere Interessenten zu verteidigen. Insbesondere dürfte es Reibereien mit Herrchen und Frauchen geben, die ebenfalls dort sitzen wollen. Fast immer gelingt es jedoch, sich zu arrangieren. Oft holt Frauchen dann sogar noch ein zusätzliches Kissen oder eine Decke als Unterlage.

Couch

Dackelblick

Cräckies

Ausgesprochen harte und dröge Speise, die man nur zu sich nimmt, wenn absolut nichts anderes verfügbar ist und Herrchen und Frauchen beim besten Willen nicht zu bewegen sind, etwas Frischfleisch oder Konservenkost in den Napf zu füllen. Nachdem man die Cräckies so lange wie möglich verächtlich links liegen läßt, muß man sie schließlich doch zähneknirschend zermahlen. Wem es gelingt, dabei einen todtraurigen, mitleiderregenden Dackelblick aufzusetzen, wird als Belohnung schließlich doch einen Leckerbissen ergattern.

D

Dachshund

Dienstliche Bezeichnung des Dackels, die an seine frühere, heute aber stark reglementierte Jagdleidenschaft erinnert. Der nur an Bürgersteige und Parkanlagen gewohnte Stadtdackel kennt den Dachs nur noch vom Hörensagen und würde bei einer unverhofften Begegnung allenfalls mit einem Schulterzukken reagieren.

Dackelblick

Eine der wirkungsvollsten Waffen des Dackels, die schon sprichwörtliche Bedeutung gewonnen hat. Es handelt sich dabei um einen besonders raffinierten Augenaufschlag, mit dem man fast alles erreicht, was man sich zum Ziel gesetzt hat. Man muß dabei so viel Wehmut, Verlorenheit und Melancholie in die Augen legen, daß kein Mensch einem Wunsch widerstehen kann. Der Dackelblick wird eingesetzt, um an den Köstlichkeiten teilhaben zu können, die Herrchen und Frauchen mittags und abends verschmausen oder auch, um bei Ausflügen und Reisen nicht zurückgelassen zu werden. Der durchschlagende Erfolg des Dackelblicks hat zu vielfältigen Nachahmungen geführt. Auch Menschen setzen ihn gelegentlich ein, um Mitleid zu erregen. Nie aber erreichen sie die Innigkeit und Glaubwürdigkeit des Originals.

Dackelmischling Überraschungshund, der je nach Partner die komischsten Formen annehmen kann. Besonders originell sind Mischungen aus Dackel und Dogge oder aus Dackel und Neufundländer. Auf welchem Wege diese allerdings zustandekommen, bleibt das Geheimnis der Natur.

Deckanzeigen Eindeutige Angebote von männlichen Modellen in den einschlägigen Journalen (z. B. „Der Dachshund"). Dabei werden die körperlichen Reize in einer kaum verhüllten Sprache geschildert und gelegentlich auch mit Nacktfotos unterstrichen.

---

decken Gewerbsmäßige Unzucht, die in bestimmten Dämmerzonen (siehe auch Zwinger) vollzogen wird.

Deckrüde Herr für gewisse Stunden, der seine Pflichten routiniert, aber gleichgültig erledigt und sich dabei auf seinen immer gut gefüllten Freßnapf freut.

Dressur Vergebliches Bemühen von verbiesterten Dackelbesitzern, ihre Zöglinge zu Dingen zu verleiten, die jeder halbwegs vernünftige Hund aus tiefster Seele ablehnen muß. Der durch seine historisch gewachsene Tätigkeit in Fuchsbauten zu eigenen Entscheidungen berufene Dackel verweigert sich in besonderem Maße jeder Bevormundung. Wenn es tatsächlich gelingt, einen Dackel dazu zu bewegen, bei Fuß zu gehen oder Stöckchen zu bringen, so ist dies keineswegs die Leistung des Besitzers, sondern allenfalls eine großzügige Geste des Dakkels, der Mitleid mit dem streßgeplagten Menschen empfindet.

decken

Drohgebärde

Kunstvolles Kräuseln der Gesichtspartie oberhalb der Nase bei gleichzeitigem Freilegen der Eckzähne. Eine Drohgebärde empfiehlt sich nur dann, wenn zuvor die Möglichkeit zu einem schnellen Rückzug genauestens erkundet wurde (siehe auch Schäferhund).

E

Eifersucht

Grimmiges Gefühl, das sich dann einstellt, wenn Herrchen oder Frauchen anderen Lebewesen (Kindern, Hunden, Katzen oder dergleichen) ihre Sympathie zeigen. Da es ungesund ist, die Eifersucht in sich hineinzufressen, muß sie offensiv ausgelebt werden. Bei der brutalen Methode vertreibt man die fremden Lebewesen mit Zähnefletschen, Knurren und, wenn nötig, einem dezenten Biß aus Haus und Hof. Etwas weniger aufwendig, aber durchaus wirkungsvoll ist die Inszenierung eines kleinen Einpersonenstücks, bei dem man wahlweise durch exzessives Umhertollen oder durch Krankstellen alle Aufmerksamkeit auf sich lenkt.

Eigensinn

Vornehmste Eigenschaft des Dackels, die sich durch das über Generationen hinweg übliche Wirken in Wald und Flur herausgebildet hat. Unverständige Menschen benutzen dafür auch den Ausdruck „Ungehorsam“. In Wirklichkeit ist der Eigensinn des Dackels nur ein Zeichen einer besonders ausgeprägten Willensstärke, die sich jeder Bevormundung erfolgreich verweigert.

Erziehung

Phase im Leben eines Hundes, in der Herrchen und Frauchen sich selbst beweisen wollen, wie stark sie sind. Dem Dackel

Eifersucht

Fahrrad

nutzt hier sein unscheinbares Äußeres wenig: Ebenso wie andere Hunde muß er diese Phase durchstehen. Am besten geschieht dies, indem man den Zweibeinern ab und zu ein Erfolgserlebnis gönnt. Man vergibt sich schließlich nichts, wenn man sich zum Beispiel einmal hinsetzt, wenn sie „Sitz!“ sagen, oder zu ihnen kommt, wenn sie rufen. Das ist in der Praxis sicher oft schwer zu beherzigen, zumal wenn andere interessante Gerüche locken. Wenn Herrchen und Frauchen zufrieden sind, zahlt sich dies jedoch bestimmt aus. Nachdem die Phase der Erziehung – sie dauert selten länger als zwei bis drei Wochen – vorbei ist, kann man ohnehin wieder tun und lassen, was man will.

Eßtisch

Möbelstück, auf dem häufig weit delikatere Speisen arrangiert sind, als man gewöhnlich in seinem Freßnapf vorfindet. Die Schwierigkeit für einen Dackel besteht darin, überhaupt auf den Eßtisch zu gelangen, was mit einem einzigen Satz nur selten gelingt. Besser ist es, eine Zwischenstation auf einem Stuhl einzulegen. Außerdem ist in Betracht zu ziehen, daß der Aufenthalt von Zweibeinern auf dem Eßtisch entschieden mißbilligt wird. Der erfahrene Dackel sucht den Eßtisch daher nur dann auf, wenn kein Zweibeiner in Reichweite ist. Mit der ergriffenen Beute, die wahlweise aus einem Stück Wurst, einer Scheibe Schinken oder Käse bestehen kann, sucht man dann möglichst schnell sein Körbchen auf und bemüht sich danach um einen möglichst ahnungslosen Gesichtsausdruck (siehe auch Unschuld).

F

Fahrrad

Rollendes Ungetüm, das offensichtlich über Zauberkräfte verfügt. Sogar Herrchen, der beim normalen Gassigehen keinen

Frauchen

sonderlich beweglichen Eindruck macht, entwickelt auf dem Fahrrad eine solche Schnelligkeit, daß man mit seinen kleinen Dackelbeinen kaum noch Schritt halten kann und schließlich alle Viere von sich streckt.

Floh

Unangemeldeter Besucher, der es sich im Fell bequem macht und gelegentlich zwickt. Um ihn loszuwerden, empfiehlt es sich, beim nächsten Gassigehen den Kontakt zu anderen Hunden zu suchen und sich mit ihnen herumzubalgen. Häufig genug sucht der Floh sich dann einen neuen Wirt. Wenn einem das Herumbalgen mit anderen Hunden verwehrt wird, sollte man sich immer möglichst eng an die Hosenbeine der Zweibeiner schmiegen, um so den Plagegeist zum Übergang zu motivieren.

Flohhalsband

Entsetzlich stinkendes Würgeband, das ausgerechnet dann umgeschnallt wird, wenn man sowieso schon durch ständige Stiche gepeinigt wird, als wäre das nicht schon schlimm genug.

Flugreise

Eine für Mensch und Dackel unproblematische Art, Urlaub zu machen. Während große Hunde die Zeit des Fluges in kerkerähnlichen Kisten im Laderaum verbringen müssen, läßt sich der Dackel locker als Handgepäck mitführen und sitzt am Fenster auf Herrchens oder Frauchens Schoß.

Frauchen

Überwiegend sympathisches Wesen, das im Gegensatz zu Herrchen meist etwas nachgiebiger ist und einem wehmütigen Dackelblick nicht widerstehen kann. In den meisten Familien ist Frauchen für das Füllen des Futternapfes zuständig, was sich aber im Zuge der Emanzipation allmählich ändert. Hier ist der Dackel gezwungen, rechtzeitig auf gesellschaftliche Tendenzen zu reagieren und sich gegebenenfalls auch mit Herrchen gutzustellen.

(bei) Fuß!

Ein meist mit energischer Stimme vorgetragenes Befehlswort der Zweibeiner, das der selbstbewußte Dackel mit einem Kopfschütteln quittiert. Hunde, die bei Fuß gehen, sind entweder dumm oder an der Leine. In jedem anderen Fall gibt es draußen so viele Dinge zu entdecken und zu beschnuppern, daß es absolut unsinnig wäre, direkt neben dem Schuh von Herrchen herzulaufen, wo man zudem den unangenehmen Geruch von Schuhcreme erdulden muß.

G

Garderobenständer

Ersatzbaum, der in der Wohnung aufgestellt wird und auch dem Dackel gute Dienste leistet. Wenn man sehr in Eile ist oder wenn es draußen regnet, kann man zur Not auch am Garderobenständer einmal kurz das Bein heben.

Garten

Blumenschutzgebiet, in dem Tiere so gut wie gar nichts dürfen, ohne empfindliche Strafen fürchten zu müssen. Streng untersagt ist das Beinheben (auf das man anständigerweise im eigenen Revier sowieso verzichten kann). Aber auch wer Beete betritt, an Blumen und Sträuchern knabbert oder Gartengerätschaften umherträgt und eingräbt, muß sich auf ohrenbetäubendes Schimpfen und Kreischen gefaßt machen.

Gassigehen

Kindischer Ausdruck, den Herrchen und Frauchen gebrauchen, wenn sie gerne einen Spaziergang machen wollen, sich aber nicht allein nach draußen trauen. Ein gutmütiger Hund erfüllt ihnen den Wunsch, auch wenn es am warmen Ofen viel gemütlicher ist. Er geht brav mit und läßt Herrchen und Frauchen ein wenig herumtollen, was ihrem körperlichen Wohlbe-

Garderobenständer

Geschäft

finden sicher dienlich ist. Bewegung ist schließlich nie verkehrt, und was tut man nicht alles für die Gesundheit der Zweibeiner.

Gäste Zweibeiner, die dem Hausherrn einen Besuch abstatten wollen, aber nur dann passieren dürfen, wenn sie auch dem Haushund genehm sind. Um zu prüfen, ob sie wirklich willkommen sind, müssen Gäste erst einmal ausgiebig beschnuppert, angesprungen und abgeschleckt werden.

Gebrauchshunde Dackelproletariat, das in Wald und Flur harte Arbeit leisten muß und regelmäßig um den Lohn betrogen wird. Während der städtische Dackeladel in Saus und Braus lebt und von den Zweibeinern verhätschelt und verzärtelt wird, müssen Gebrauchshunde einen großen Teil ihrer Zeit unter Tage in Fuchsbauten verbringen oder im Schweiße ihres Angesichts durch den Wald hecheln.

Geschäft Eine von aufrührerischen Hundekreisen regelmäßig vollzogene Störung unserer gesellschaftlichen Ordnung, die den Hundehalter teuer zu stehen kommt. Insbesondere das große Geschäft ist, sofern es auf Bürgersteigen, Gehwegen und Liegewiesen abgewickelt wird, eine Ordnungswidrigkeit ersten Ranges, sie kann in minder schweren Fällen mit einem Verwarnungsgeld von 20 Mark bestraft werden. Sofern der tätlich gewordene Hund eine anhaltende kriminelle Energie zeigt, sind auch Geldbußen bis zu 1000 Mark möglich (siehe auch Haufen).

Geschirr Knebelungsmittel für den besonders aktiven Dackel, der mit einem bloßen Halsband allein nicht zu bändigen ist. Ein kluger Dackel weiß aber auch aus dem besten Geschirr zu entschlüpfen, indem er sich beim Anlegen des Bauchriemens nach Kräften aufplustert, um dann später mit Leichtigkeit aus der Schlinge springen zu können.

Goethe

Hundefeind ersten Ranges, der (nach einer von Johannes Falk überlieferten Anekdote) auf das liebliche Gebell eines vor seinem Fenster vorbeischlendernden Dackels folgende wüste Beschimpfung ausstieß: „Stelle dich wie du willst, Larve, mich sollst du doch nicht unterkriegen!" In den Hausbibliotheken überzeugter Hundefreunde glänzen Goethes Werke seither durch Abwesenheit.

Gras

Hervorragendes Brechmittel, das man bei Völlegefühl, falscher Ernährung und Unwohlsein aller Art zu sich nimmt. Die Wirkung stellt sich in der Regel erst später ein, wenn man wieder in der Stube ist, was regelmäßig zu Unmutsäußerungen bei den Zweibeinern führt.

Grenze

Markierung zwischen zwei Ländern, für deren Überschreitung Menschen nur einen Ausweis benötigen, während Hunde neben dem Impfpaß oft auch noch eine Bescheinigung des Amtstierarztes vorweisen müssen. Eine Ausnahmegenehmigung gilt für Dackel. Sie brauchen keinerlei Dokumente, weil man sie beim Grenzübertritt kurzerhand unter der Sitzbank oder in einer Reisetasche verstecken kann. Gelegentliches Jaulen wird durch lautes Abspielen des Autoradios übertönt.

H

Hasen

Dumme Tiere, die noch nicht einmal richtig geradeaus laufen können, sondern ständig alberne Bogen schlagen. Es ist daher unter der Würde des Dackels, ihnen mehr als nur ein paar Schritte nachzulaufen.

Hasen

Hau ab

Chemische Keule, die zum Einsatz gegen zudringliche Hundeherren bestimmt ist. Ein exzessiver Gebrauch kann freilich dazu führen, daß die damit besetzte Dackeldame schwere seelische Störungen erleidet. Schließlich bekommt selbst das stärkste Selbstbewußtsein erhebliche Risse, wenn man plötzlich aus unerfindlichen Gründen von allen Angehörigen des anderen Geschlechts gemieden wird.

Haufen

Ablagerung übelriechender Substanzen von klebriger Konsistenz, die man vorwiegend auf Bürgersteigen antrifft. Ihre hohe Haftfähigkeit insbesondere an Schuhsohlen führt zu einer zügigen Verteilung, unter anderem auch in Treppenhäusern, Läden und Büros. Unmutsäußerungen betroffener Bürger und angedrohte Zwangsgelder (siehe auch Geschäft) drängen die Hundehalter in jüngster Zeit zunehmend in die Defensive. Da Versuche der Biogenetik zur Entwicklung eines selbstreinigenden Hundes noch zu keinem Erfolg führten, behilft sich der verantwortungsvolle Hundehalter einstweilen mit einem Haufenfänger, der dem Hund unmittelbar vor Beginn des Geschäfts an der Austrittsstelle untergehalten wird. Noch einfacher ist es freilich, wenn man den Hund durch intensive Erziehungsmaßnahmen so weit bringt, ebenso wie die Menschen sein Geschäft auf der Toilette zu erledigen. Zugleich entfällt damit der leidige Zwang zum Gassigehen.

Herrchen

Zweibeiner, der im Gegensatz zu Frauchen eine tiefere Stimme hat, die angenehmer in den Ohren klingt, so daß man gelegentlich durchaus darauf reagieren kann. Meist ist Herrchen recht umgänglich und sowohl für Spaziergänge als auch fürs Spielen zu haben. Unangenehm wird er nur, wenn er seinem Namen Ehre machen und sich als Herr aufspielen will. Da ein Dackel dies partout nicht leiden kann, flüchtet er sich in bedrohlichen Situationen (siehe auch Prügel) am besten zu Frauchen und

Herrchen

Hinterbein

spielt dort seine Lieblingsrolle – das Unschuldslamm. Und diese Rolle spielt er ausgezeichnet.

Hetze

Marathonlauf für Jagdhunde, bei dem es keine Medaillen zu gewinnen gibt, sondern allenfalls ein schlappes Schulterklopfen des Jägers. Besonders niederträchtig ist die Sitte, daß die Hunde immer dann, wenn sie das Wild gestellt haben, bescheiden zur Seite treten müssen, um dem Jäger den Schuß zu ermöglichen. Wer nicht zur Seite tritt, wird miterschossen und bekommt ein Heldenbegräbnis.

Hinterbein

Körperteil, den der Rüde weniger zum Gehen als zum Heben benötigt.

Hinterlist

Taktische Meisterleistung des Dackels, mit der dieser seine körperliche Unterlegenheit wettmacht. Während der Gegner – sei es ein fetter Kater, ein voluminöser Hunderivale oder ein mißgünstiger Mensch – sich hohnlächelnd im Bewußtsein seiner Stärke sonnt, schlägt der Dackel blitzschnell aus dem Hinterhalt zu und zieht sich, sobald sich die gegnerischen Kräfte verstärken, umgehend wieder in denselben zurück. Dieses bisweilen geschmähte Verhalten knüpft würdig an den Triumph Davids über Goliath an.

Hitze

Zeit, in der es vor dem Haus einer Dackelhündin heiß hergeht. Da sich ihre Ausstrahlung über einen ganzen Stadtteil erstrekken kann, finden sich entsprechend viele Bewunderer vor dem Anwesen ein, um bei Tag und Nacht heulenderweise ihre Ergebenheit zu bekunden.

Hosen

Äußerst gern gesehene Objekte zum Reinbeißen. Ihr Reiz wird noch verstärkt, wenn gerade ein Zweibeiner in ihnen steckt und sie lustig hin- und herschlackern. Bedauerlicherweise stößt der

Biß in ein Hosenbein bei den Betroffenen meist auf wenig Verständnis. Es empfiehlt sich daher, sich nach getaner Tat unverzüglich an einen sicheren Ort zurückzuziehen.

Hundehütte

Straflager für große und ungezogene Hunderassen, die sich nicht benehmen können. Der Dackel als Hund von Welt gehört selbstredend nie und nimmer in eine zugige Hundehütte, sondern in ein komfortables Körbchen vorzugsweise neben der Heizung oder besser noch ans Fußende des Bettes von Herrchen und Frauchen.

Hundesalon

Horrorkabinett, in dem hilflose Tiere mit Hilfe von Kämmen, Scheren und scheußlichen Parfümgerüchen in Kuschelmonster verwandelt werden.

I

Impfung

Einmal im Jahr anstehendes Martyrium, bei dem man mit einer langen Nadel gepeinigt wird. Besonders heuchlerisch sind die Zweibeiner, die bei der Impfung auch noch mit freundlichen und begütigenden Worten auf einen einreden, als wäre dieser Vorgang das reinste Vergnügen.

Imponierstellung

Eine seit Urzeiten gebräuchliche Körperhaltung, mit der man Gegner einschüchtert, das andere Geschlecht auf sich aufmerksam macht und allgemein Eindruck schindet. Der Dackel ist dabei rein äußerlich zunächst benachteiligt und muß daher zu diversen Hilfsmitteln greifen. Als sehr erfolgreich erweist sich immer wieder die Einnahme eines erhöhten Platzes. Auf der Mülltonne oder auf dem Gartentisch wirkt man optisch größer und kann auch gewichtige Kontrahenten in die Flucht schla-

Hundehütte
!!

Jagd

gen. Auch wenn man mit Herrchen oder Frauchen an der Leine unterwegs ist, läßt sich die Imponierstellung hervorragend ausprobieren, weil man kaum in Gefahr läuft, angegriffen zu werden.

Instinkt

Untrüglicher Hinweis darauf, was einem gut tut und was nicht. Während der Dackel einen stark ausgeprägten Instinkt besitzt, ist er beim Menschen völlig verkümmert. Der Mensch rühmt sich statt dessen seiner Intelligenz. Diese macht sich zum Beispiel dadurch bemerkbar, daß überall da, wo früher friedliche Felder und Wälder waren, Straßen gebaut werden, auf denen unzählige Kästen mit Rädern umherrasen, die nicht nur stinken und lärmen, sondern einen harmlos spazierengehenden Hund überdies ständig in Angst und Schrecken versetzen. Eines der wenigen erfreulichen Beispiele menschlicher Intelligenz ist die Erfindung der Hundenahrung (siehe auch Konserven), ansonsten ist der Instinkt des Dackels in den meisten Fällen vorzuziehen.

Inzucht

Eine beim Menschen verpönte, beim Dackel aber oft benutzte Methode zur Veredelung der Rasse. Da die jeweils vorherrschenden Merkmale der Eltern an die Kinder weitervererbt werden, stellen sich bei der Inzucht schnell sichtbare Erfolge ein. Dem Züchter Hugo D. in K. gelang auf diese Weise schon nach sieben Generationen die Produktion eines Mini-Dackels, indem er stets besonders klein gewachsene Tiere zur Paarung brachte.

J

Jagd

Entwürdigende Form der Fronarbeit, bei der der Dackel die Arbeit leistet und der Jäger die Früchte erntet. In hundeverachtender Weise wird der Dackel genötigt, sich durch die Erde in enge Fuchs- oder Dachshöhlen vorzuarbeiten, während der Jäger gemütlich vor dem Bau steht und abwartet, bis das gejagte Tier ihm vor die Flinte springt. Die brutale Ausbeutung des Hundes durch den Menschen ging dabei bis zu nicht wiedergutzumachenden Eingriffen in die äußere Gestalt: Um sein Eindringen in die Fuchsbauten zu ermöglichen, wurden dem Dackel die besonders kurzen Beine angezüchtet, die ihm noch heutzutage in der Hundewelt viel Hohn und Spott eintragen.

Jaulen Kunstvoller Klagegesang des Hundes, der sich an altgriechischen Vorbildern orientiert, aber auch Einflüsse der modernen Popmusik aufgreift und kreativ weiterverarbeitet. Das Jaulen des Dackels bietet dem wohlwollenden Hörer einen besonderen akustischen Genuß, der in den höheren Tonlagen an Michael Jackson erinnert. Während Popmusiker durch ihre Gesangskünste zu Ruhm und Geld gelangen, wird das Jaulen des Dackels jedoch von der Öffentlichkeit nur selten honoriert. So ist ein kredenzter Knochen auch nicht als Aufforderung zu verstehen, mit dem Jaulen fortzufahren, sondern dieses umgehend einzustellen.

Jogger Zappeliges, schnaufendes Wesen, das manchmal unverhofft in Wald und Flur auftaucht und das man herrlich erschrecken kann. Besonders schadenfrohe Dackel verbergen sich zunächst hinter einem Gebüsch und stürzen sich erst dann auf den Jogger, wenn er in unmittelbarer Nähe ist. Der Überraschungseffekt wird ihn zu ungeahnten läuferischen Höchstleistungen beflügeln, womit beiden Seiten gedient ist: Der Jogger stellt eine neue persönliche Bestzeit auf, und der Dackel hat sein Vergnügen.

Jaulen

Katze

K

Kaninchenteckel

Kleinwüchsige Dackelausgabe, die früher von den Zweibeinern für die Kaninchenjagd ausgebeutet wurde und daher ihren Namen hat. Der Kaninchenteckel mußte dabei in enge Höhlen kriechen, in denen unverhofft seltsame Hoppelwesen mit greulich großen Zähnen auftauchten. Heute führen die meisten Kaninchenteckel ein beschauliches Leben in der Stadt und kennen Kaninchen allenfalls aus den Zoogeschäften, an deren Schaufenstern sie mitunter mit Frauchen vorbeischlendern.

Katze

Fauchendes und kratzendes Untier, das bisweilen unangemeldet auf dem Hoftor erscheint, um kleine Hunde zu erschrekken. Der erfahrene Dackel weiß, daß er weder die Grundschnelligkeit noch die Sprungkraft besitzt, um es mit einer Katze ernsthaft aufnehmen zu können. Er rümpft daher nur die Nase, würdigt sie keines Blickes und tut so, als wäre sie gar nicht da.

Kette

Brutale Variante der Leine, die sich durch erhöhte Reißfestigkeit auszeichnet. Selbst die begnadetsten Zerrkünstler haben mit der Kette ihre Schwierigkeiten. Rechtzeitige Kompromisse bewahren davor, als Kettenhund jeglicher Freiheiten beraubt zu werden.

Knochen

Kaugerät, an dem abgesehen von ein bißchen Aroma nichts dran ist, das aber als Kultobjekt höchstes Ansehen genießt. Ähnlich wie bei guten Weinen älterer Jahrgänge gewinnt der Knochen durch lange Lagerung an Wert. Um einen echten Spitzenknochen (oder gar einen Jahrhundertknochen) zu produzieren, empfiehlt sich häufiges Ausgraben und Wiederverbuddeln an einer anderen Stelle, damit unterschiedliches Erdaroma am Reifeprozeß mitarbeiten kann. Aufgrund seines hohen repräsentativen Wertes wird der Knochen gegen andere Interessenten erbittert verteidigt. Der Ort der Lagerung wird so streng geheim gehalten, daß man ihn am besten selbst vergißt.

Knurren

Gradmesser für die Kampfkraft eines Hundes, dessen Klang und Lautstärke allein oft ausreichen, um einen Kampf zu vermeiden. Ein Dackel tut gut daran, das Knurren durch viel Übung zu kultivieren. Je tiefer und bedrohlicher das Knurren ist, um so größer die Chance, sich im Hundeleben zu behaupten. Wer gut knurren kann, hat es oft gar nicht nötig, auch optisch in Erscheinung zu treten. Im Gegenteil ist es oft sinnvoller, im Verborgenen zu knurren, was anderen das Gefühl vermittelt, einem ungemein kräftigen Kontrahenten gegenüberzustehen.

Konservendose

Mit Bildern von Leckereien und lachenden Hundegesichtern verziertes Behältnis, das einen in einen Zustand frustrierender Vorlust versetzt, besonders wenn es ungeöffnet im Regal steht und man ständig daran erinnert wird. Bevor Konservendosen von Herrchen oder Frauchen geöffnet werden, wird man zu entwürdigenden Spielen wie Pfötchengeben und Männchenmachen gezwungen. Die von emanzipierten Dackeln geforderte pfotenfreundliche Dose zum Selberöffnen, die technisch seit langem möglich ist, wird von hundefeindlichen Kräften immer noch verhindert.

Körbchen

Eine von Herrchen oder Frauchen für viel Geld erworbene Liegestätte, die meist an abgelegenen Orten wie etwa in einem zugigen Flur aufgestellt wird und deshalb entweder gemieden oder durch ausdauerndes Knabbern allmählich in ihre Bestandteile zerlegt wird. Viel angenehmere Orte, um sich zur

Knochen

Langeweile

Ruhe zu betten, sind Sofa, Lehnsessel oder ein flauschiger Teppich vor der Heizung.

---

krumm Abfällige, aber im Kern durchaus zutreffende Bezeichnung für Dackelbeine, die Besucher beim Umgang mit humorlosen Dackelbesitzern besser nicht gebrauchen sollten, weil sonst mit Hausverbot zu rechnen ist.

L

Langeweile Grausiger Zustand, der besonders dann eintritt, wenn ein Dakkel von Herrchen und Frauchen alleingelassen wird und in der Wohnung keinerlei Ablenkungsmöglichkeiten bestehen. Wenn keine interessanten Gegenstände in Reichweite sind, gibt es nur wenig Möglichkeiten, die Langeweile zu vertreiben. Masochistische Dackel beißen sich in diesem Fall in den eigenen Schwanz, während andere auch zu produktiven Leistungen fähig sind, indem sie zum Beispiel mit dem Ablösen der häßlichen alten Tapete beginnen.

Langhaardackel Ästhetisch verfeinerte Hundekreation für den Aufenthalt auf dem Schoß und auf Sofakissen. In Kreisen der Standard-Dakkel gilt er als elitär, hochnäsig und verweichlicht und wird daher bisweilen gemieden. Die äußerliche Anmut täuscht jedoch leicht darüber hinweg, daß auch im Langhaardackel rebellische Gefühle brodeln. Diese lassen sich zum Beispiel im Anschluß an einen Spaziergang im Regen herrlich ausleben, wenn man mit klatschnassem Fell einen beherzten Sprung aufs Kanapee unternimmt und Frauchen zu Schreikrämpfen nötigt.

Leberwurst (beleidigte) Bezeichnung für einen Dackel, den man zu Recht oder Unrecht einer Untat verdächtigt hat. Er zieht sich dann an einen stillen

Ort zurück und straft die Zweibeiner mit ebenso verächtlichen wie gramerfüllten Blicken, die schließlich über kurz oder lang den Menschen dazu nötigen, sich in aller Form zu entschuldigen und durch liebe Worte und Leckerbissen alles wieder gutzumachen.

Leithund

Führer des Rudels, dem sich der einzelne Hund bedingungslos unterzuordnen hat. Heutzutage versucht der Mensch, die Rolle des Leithundes anzunehmen, um seine Autorität durchzusetzen. Dies kann aber nur dann wirklich gelingen, wenn Herrchen und Frauchen typisch hündische Verhaltensweisen annehmen. In entsprechenden Kursen werden Hundebesitzer mit den besonderen Techniken des Leithundes wie Knurren, Bellen und anderen Imponiergesten vertraut gemacht.

Liebe

Begehren, das durch würgende Halsbänder, Leinen, hohe Zäune oder andere Instrumente aus der Kerkermeister-Werkstatt eingeengt wird. Während das Liebesleben im Rahmen der Familienplanung in Zwingern und anderen Eheanbahnungsinstitutionen geduldet wird, ist die freie Liebe im Dackel-Milieu mit erheblichen Schwierigkeiten verbunden. Wo ein Wille ist, läßt sich aber auch hier mitunter ein Weg finden, der zum Beispiel durch ein versehentlich offengelassenes Gartentor führt.

Lob

Eine der wenigen menschlichen Äußerungen, die beim Dackel auf Interesse stoßen. Im Gegensatz zum Tadel, der grundsätzlich überhört wird, ist der Dackel für ein kräftiges Lob, besonders wenn es mit einer Leckerei verbunden ist, immer empfänglich.

Loch

Öffnung im Boden, an der kein Dackel vorbeikommt, ohne zumindest die Nase hineinzustecken. Sollte sich in dem Loch in den vergangenen zwanzig Jahren einmal ein Lebewesen aufgehalten haben, gibt es kein Halten mehr. Aus dem Loch wird in

Das nennst du zeitig nach Hause
Kommen?!? Den ganzen Abend
war ich allein, nicht der aller-
kleinste Knochen im Eisschrank
geschweige denn, ein anständiges
Stück Fleisch! Kein Wort von dir,
selbst kurz anzurufen war dir
wohl zuviel. Kann man denn nicht
ein bißchen Menschlichkeit erwarten!?
Das Fernsehprogramm war zum
Einschlafen, ich habe mich den
ganzen Abend zu Tode gelangweilt.
Glaub bloß nicht, daß ich mich jetzt
mit dir unterhalte!!!!

wenigen Minuten ein Krater, in dem der Dackel auf unabsehbare Zeit verschwindet. Weder Kommandos noch inständiges Bitten befördern ihn wieder ans Tageslicht, auch Warten hat keinen Sinn, da er möglicherweise einige hundert Meter entfernt wieder aus der Erde steigt und sofort ins nächste Loch schlüpft. Erfahrene Dackelbesitzer treten in diesem Falle allein den Heimweg an und harren dort in Ruhe der Dinge.

M

Männchen

Eine der wenigen vom Zweibeiner erlernten körperlichen Übungen, die dem Dackel auch einen greifbaren Nutzen bringen. Während man bei den üblichen albernen Vorführungen im Menschenrund für ein Männchen allenfalls mit einem Tätscheln oder einem Knabbercräckie entlohnt wird, kommt man in anderen Situationen damit zu weitaus attraktiveren Zielen. Zum Beispiel reicht oft ein Männchen aus, um sich einen Lekkerbissen von einem erhöhten Ort herunterzuziehen.

Mantel

Kleidungsstück, das Frauchen ihrem Liebling um den Leib bindet, wenn es draußen kalt und naß ist. So angenehm warm ein solcher Mantel auch ist, gibt er den Dackel doch der Lächerlichkeit preis. Beim Spaziergang wird man von allen anderen Hunden als verzogenes und verweichlichtes Muttersöhnchen ausgelacht.

Maus

Wohlriechender Dackel-Kaugummi, der durch lange Ablagerung noch an Würze gewinnt. Seltsamerweise löst das Herumtragen von toten Mäusen bei Frauchen immer wieder Schreikrämpfe aus, insbesondere, wenn man sie mit in die Wohnstube bringt und dekorativ auf dem Teppich plaziert.

Mantel

Mienenspiel

Medizin

Bittere Tropfen, die man bekommt, wenn es einem ohnehin schon schlecht genug geht. Da Herrchen und Frauchen wohl wissen, daß man freiwillig keine Medizin zu sich nehmen würde, wird sie unter das Essen gemischt, was das leckerste Fleischgericht verdirbt.

Metzgerladen

Siebter Hundehimmel, in den man aber nur unter Aufbietung allergrößter Listen hineinkommt. Aber selbst wer draußen angeleint wird, bekommt durch die aus der Tür wehenden Gerüche und die hinter der Fensterscheibe plazierten Fleischbatzen einen Eindruck von den hier kredenzten Köstlichkeiten. Wenn man ganz lieb und wehmütig guckt, bringt einem Frauchen zumindest einen kleinen Leckerbissen mit. Erst in einer wirklich hundefreundlichen Gesellschaft wird die Zugangsbeschränkung aufgehoben. Stattdessen wird es in den Metzgerläden allgemeine Hundespeisungen mit einem ausgeklügelten Menüplan geben, der von feinen Pansenhäppchen über zarte Hühnerbrustfilets bis zu deftigen Kalbsknochen reicht.

Mienenspiel

Die beim Dackel bis zur Vollendung ausgeprägte Fähigkeit, durch das geschickte Zusammenwirken von Nase, Schnauze und Augen einen so herzzerreißenden Eindruck zu machen, daß man in fast allen Situationen das Beste für sich herausholen kann (siehe auch Schauspielerei).

Mietvertrag

Ein von Hausbesitzern ausgestelltes Dokument, das die Haltung von Tieren in der Wohnung nur mit ausdrücklicher Genehmigung gestattet. Um diese Genehmigung zu erhalten, sollten Mieter ihren Dackel unbedingt zum Vorstellungsgespräch mitbringen. Sein seelenvoller Augenaufschlag wird auch den grimmigsten Vermieter weichmachen. Hat dieser einmal seine Zustimmung gegeben, kann man die nächsten Jahre in der Wohnung nach Herzenslust kläffen, toben und wüten.

Mond

Rundliches Objekt am nächtlichen Himmel, das durch ein provozierendes Lächeln und gelegentliches Versteckspiel auf sich aufmerksam macht. In Ermangelung anderer sichtbarer Ziele wird der Mond bevorzugt zu nächtlicher Stunde angeblafft. Je weniger er sich um das Gebell zu kümmern scheint, um so energischer wird es. Weil das Gebell eines Hundes andere zum Mittun animiert, nimmt insbesondere in Vollmondnächten das Blaffen kein Ende.

N

Nachrichten

Interessante Informationen, die regelmäßig an Bäumen und Laternenmasten angebracht sind. Der Empfänger muß über eine gute Nase verfügen, um sie entschlüsseln zu können. Es ist üblich, daß man nach Begutachtung der gelieferten Informationen seinerseits eine Nachricht hinterläßt, die wiederum für andere Passanten von Interesse sein könnte.

Nachtfresser

Jagdhunde, die es gewohnt sind, zu nächtlicher Stunde auf Beutefang zu gehen. In der Wohnung eingesperrte Dackel müssen sich in dieser Situation mit dem behelfen, was sie vorfinden. So kann man die auf dem Herd zurückgebliebenen Kochtöpfe auslecken oder den Mülleimer nach Wurstpellen durchwühlen.

Napf

Zentrale Stätte der Wohnung, die erbittert gegen Fremdlinge verteidigt wird. Der Zugang zu dem meist in der Küche plazierten Napf ist außer dem Benutzer nur Herrchen und Frauchen gestattet, und auch diesen nur dann, wenn sie dort Speisen einfüllen. Um den Napf herum befindet sich eine Tabuzone mit

Mond

Nerven

einem Durchmesser von ein bis fünf Metern, deren Verletzung in minder starken Fällen durch Knurren und Zähnefletschen, bei schwereren Eingriffen jedoch gelegentlich auch mit Zubeißen geahndet wird.

Nase

Hochleistungsempfänger, der insbesondere als Wegweiser zu abgelagerten Kothaufen, besprenkelten Bäumen und Laternenmasten sowie zu Essensresten dient. Die größte Beleidigung für dieses äußerst sensible Gerät ist die Konfrontation mit übelriechenden Substanzen wie Parfüm und Hundeshampoo.

Nasenstüpfer

Brutale Methode, die von manchen Zweibeinern angewandt wird, um Hunde zur Stubenreinheit zu bewegen. Dabei wird die Nase des Welpen in die eigene Pfütze gestupft. Der derart malträtierte Hund rächt sich damit, daß er in einer anderen Zimmerecke alsbald eine neue Pfütze macht.

Nerven

Unsichtbare Sinnesorgane der Zweibeiner, die man durch diverse lustige Spiele strapazieren kann. Insbesondere wenn Herrchen und Frauchen sich abends in Sofa oder Sessel niedergelassen haben und keine Lust zum Spielen haben, ist es höchste Zeit, ihnen auf die Nerven zu fallen. Die Mittel kennen dabei keine Grenzen. In der Regel fängt man mit einem leichten Stubsen am Bein an, steigert es dann zum Knabbern und Zerren und springt schließlich aufs Sofa hinauf und setzt dabei zu einem unmotivierten Gebell an, das so lange dauert, bis die Zweibeiner endlich reagieren.

Neugier

Nicht zu bremsender Erfahrungsdrang des jungen Dackels. Neugier wird dadurch befriedigt, daß alle bislang unbekannten Gegenstände zunächst beschnuppert und dann in die Schnauze genommen und angeknabbert werden. Besonders interessant sind Kleidungsstücke, Schuhe, Vorhänge und Gardinen.

O

Objekt

Sammelbegriff für alle Gegenstände und Lebewesen, auf die es sich lohnt, Jagd zu machen, wobei die beweglichen Objekte wie Briefträger und Fußbälle eindeutig den Vorzug genießen.

Ofen

Behaglichkeit verbreitender Kasten, in den man im Winter am liebsten hineinkriechen würde, wenn man nur ein feuerfestes Fell hätte. An kalten Tagen wird der Platz am Ofen gegen andere Interessenten erbittert verteidigt und, wenn überhaupt, dann nur ganz kurz zum Essenfassen und Austreten verlassen.

Oma

Lieblings-Zweibeiner eines jeden Dackels. Die Oma ist nicht nur freundlich und duldsam, sie hält auch immer einen Leckerbissen bereit. Da sie keinerlei Gewaltmärsche unternimmt, keine jagdlichen Ambitionen hat und auch sonst alles etwas ruhiger angehen läßt, fühlt sich der Dackel an ihrer Seite pudelwohl.

P

Pansen

Köstliche Glibbermasse, die Frauchen vom Metzger holt und in der Küche in kleine schmackhafte Stücke schneidet. Völlig unverständlich, daß sie immer ein furchtbar angeekeltes Gesicht zieht, wenn ihr die glibbrigen Bröckchen zwischen den Fingern durchrutschen.

Passanten

Hektisch umherwieselnde Gestalten, die insbesondere in den Innenstädten anzutreffen sind. Sie eignen sich ideal zum Beschnüffeln und Anspringen. Stehende Passanten kann man

Passanten

Pfui

„Ich dachte, ich heiße Maxl.
Aber sie nennen mich immer Pfui!“

hingegen leicht mit einem Baum verwechseln. Wohlerzogene Hunde unterdrücken die verlockende Neigung, hier einmal schnell das Bein zu heben, da dies mit Sicherheit zu Verstimmungen führen würde.

Pfiff Greller Laut, den Herrchen oder Frauchen des öfteren ausstoßen, wenn man mit ihnen auf dem Feld oder im Park unterwegs ist und es gerade interessant wird. Unklar ist, ob der Pfiff ein Laut der Freude oder der Verärgerung ist. Da Pfiffe, insbesondere die in den hohen Tonlagen, den Dackelohren wehtun, empfiehlt es sich, schnell die Flucht zu ergreifen.

Pfote Schmutzfänger, mit denen sich Unrat hervorragend in der Wohnung verteilen läßt. Insbesondere nach ausgedehnten Spaziergängen bei feuchter Witterung bleiben an den Pfoten genügend Schlamm- und Schmutzreste zurück, die durch ihren urigen Geruch noch lange eine Vorstellung von Weite und Freiheit vermitteln. Nur ausgesprochen dumme Dackel lassen sich vor dem Eintritt in die Stube die Pfoten reinigen. Wer den Duft nach Unrat noch lange genießen will, macht nach dem Gassigehen erst einmal eine Runde durch die Wohnung und läßt überall auf dem Teppich eine markante Spur zurück. Über gelegentliche Verärgerung bei den Zweibeinern sollte man dann gütig hinwegsehen.

Pfui Sammelbegriff für alles, was Spaß macht, wie zum Beispiel Leute anspringen, Leckereien stiebitzen, Hühner jagen oder aufs Sofa hüpfen. Wenn man Herrchen und Frauchen Glauben schenkt, besteht die Welt zum größten Teil aus Pfuis.

Polizeihund Versklavter Vierbeiner, der keine eigene Meinung hat und bei den Menschen als Ordnungskraft Dienst tun muß. Da ein Dakkel nur mit größter Mühe zur Einhaltung einer gewissen Ordnung zu bewegen ist, sich aber auch dann in allen Lebenssituationen eine eigene Meinung bewahrt, läuft er nie in Gefahr, als Polizeihund mißbraucht zu werden.

Post

Hervorragend zum Zerbeißen und Zerfleddern geeignete Papiersammlung, die vom Briefträger gebracht wird, zu dem der Dackel ohnehin eine besondere Zuneigung hat. Ein findiger Dackel versteht es immer, sich die Briefe aus dem Briefkasten zu angeln und dann lustvoll in ihre Bestandteile zu zerlegen. Ein Genuß, der es durchaus mit dem Zerknabbern eines alten Schuhs aufnehmen kann.

Prüfung

Ausleseverfahren, mit dem die Menschen ihre Welt in schlaue und schöne, weniger schlaue und schöne und in dumme und häßliche Wesen einteilen. Weil sie mit sich selbst noch nicht genug zu tun haben, veranstalten sie zu allem Überfluß auch noch Prüfungen in der Hundewelt. Die Prämienverteilung funktioniert genau wie bei den Menschen: Die Preise bekommen diejenigen, die besonders angepaßt, folgsam und artig sind, kurzum die Streber, Kriecher und Blender (siehe auch Zuchtschau).

Prügel

Gewalt gegen Hunde, die mit Hilfe von Stöcken, Schuhen oder mit bloßer Hand verabreicht wird. In antiquierten Hundebüchern wird die Prügelstrafe sogar ideologisch gerechtfertigt, weil sie angeblich der Erziehung dient. Das Grundrecht auf körperliche Unversehrtheit wird dabei immer wieder mit Füßen getreten. Prügel gibt es bereits bei den nichtigsten Anlässen, etwa wenn man am falschen Ort das Bein hebt oder versehentlich ins falsche Bein beißt. Fortschrittliche Hundepädagogen lehnen Prügel als nicht mehr zeitgemäß ab (siehe auch Verstärkung).

Prüfung

quicklebendig

Q

Querkopf

Wesen, das sich normalen Maßstäben verweigert und grundsätzlich seinen eigenen Willen durchsetzt. Während dieses Bestreben bei den Menschen philosophisch und politisch bemäntelt wird, lebt es der Dackel in Reinkultur vor.

quicklebendig

Höchste Geschwindigkeitsvariante, die Dackel auf Kurzstrekken vorführen, wenn es zum Beispiel darum geht, Jagd auf Zeitschriftenwerber, Versicherungsvertreter oder andere lästige Eindringlinge zu machen.

R

Rangordnung

Machtverteilung im Rudel und in der Familie, die in jüngster Zeit von Umwälzungen bedroht ist. Der Familienvater, der früher die oberste Autorität war, hat inzwischen kaum noch etwas zu melden. Frauenbewegung und Jugendrevolte haben den übrigen Familienmitgliedern zu mehr Einfluß verholfen, so daß die Rangordnung unklar wird. Dort wo ein Dackel zur Familie gehört, gibt es hingegen klare Verhältnisse: Hier hat sich alles seinen Bedürfnissen unterzuordnen (siehe auch Leithund).

Rasen

Höchster Stolz von Besitzern eines Gartens, der sich nach Anschaffung eines Dackels allmählich in eine Kraterlandschaft verwandelt. Jede Andeutung von einem Mäuseloch ist ein Anlaß, um mit intensiven Ausschachtungsarbeiten zu beginnen, die verständlicherweise für ästhetische Ansprüche keinen Raum mehr lassen.

Rauferei

Beliebte Dackelsportart, bei der es darauf ankommt, die jeweiligen Gegner ins Ohr oder in den Schwanz zu beißen. Sieger ist, wer zuletzt den Kopf oben hat. Leider werden Raufereien durch das Eingreifen von unsportlichen Zweibeinern oft vorzeitig unterbunden, so daß es zu keiner Ermittlung des Siegers kommt.

Rauhhaardackel

Anarcho-Ausgabe des Dackels, die sich durch widerborstiges Fell und ein ebensolches Wesen auszeichnet. Der Rauhhaardackel widersetzt sich konsequent allen Gängelungen und geht seinen eigenen Weg. Ein treuherziger Augenaufschlag entschädigt den Besitzer für alle Widrigkeiten.

Reinigungs-Set

Tragbare Hundetoilette, die aus Schaufel, Schaber und Tüte besteht und von Stadt- und Gemeindeverwaltung ausgegeben wird. Während menschliche Bedürfnisse in der Regel kostenlos verrichtet werden dürfen, kostet das Hundegeschäft 50 Pfennig.

Rudel

Altmodische Bezeichnung für Herrchen, Frauchen und andere Zweibeiner, mit denen der Dackel in häuslicher Gemeinschaft lebt. Den Regeln des Rudels hat man sich bedingungslos zu unterwerfen, es sei denn, man stellt sie selber auf (siehe auch Rangordnung).

Rute

Längliches Stimmungsbarometer des Dackels, das mal Ärger, mal Desinteresse, überwiegend jedoch Freude ausdrückt und damit eine ganz andere Bedeutung hat als die Rute des Weihnachtsmannes, die zumeist Unheil ankündigt (siehe auch Wedeln).

Reinigungs-Set

S

Salz

Eine von boshaften Hausbesitzern im Winter auf Gehwegen ausgestreute ätzende Substanz. Kluge Dackel bleiben in dieser Jahreszeit deshalb besser zu Hause am warmen Ofen oder betreten die Straße, wenn überhaupt, nur mit dicken pfotenschonenden Socken.

Schäferhund

Intimfeind des Dackels, der sich aufgrund seiner überlegenen Körpergröße viele Frechheiten herausnimmt oder den Dackel durch geringschätzig-arrogante Blicke kränken will. Durch List und Tücke läßt sich jedoch auch ein Schäferhund in die Schranken weisen. Besonders viel Freude ist garantiert, wenn man einen Schäferhund auf der Straße durch beleidigende Gesten provoziert und dann, wenn er heranstürmt, durch ein kleines Loch in Mauer oder Zaun in gesichertes Terrain entschlüpft. Von dort kann man dann amüsiert beobachten, wie der wütend kläffende Schäferhund von seinem Herrchen die Leviten gelesen bekommt.

Schauspielerei

Eine schon in grauer Vorzeit von Dackeln entwickelte Darstellungskunst, die später auch von den Menschen übernommen wurde, ohne daß diese die Innigkeit und Tiefe der Darbietung je erreichen könnten. Die Schauspielkunst des Dackels vermag auch das verstockteste Gemüt in Wallung zu bringen, ohne daß dazu viele Worte notwendig wären. Der Dackel beschränkt sich ganz und gar auf seine einzigartigen pantomimischen Fähigkeiten. Seelenvoller Blick, traurig hängende Ohren und ein leichtes Beben um die Mundwinkel weisen den Dackel als meisterhaften Repräsentanten der Tragödie aus. Aber auch in komischen Rollen weiß er immer wieder zu überzeugen, handelt es sich doch um ein Universaltalent, das leider an unseren von

Schauspielerei

dilettierenden Zweibeinern beherrschten Bühnen kaum Beachtung findet.

Schlappohr

Körperliche Zierde des Dackels, die neben ihrem ästhetischen Reiz auch mannigfaltigen praktischen Nutzen hat. Das Schlappohr verhindert es zum Beispiel, daß man die schrillen Pfiffe oder Kommandos von Herrchen und Frauchen allzu deutlich vernimmt. Ein eng angelegtes Schlappohr bietet die Garantie dafür, daß man vor Belästigungen verschont bleibt und in aller Unschuld seinen Weg gehen kann. Nur beim Freßnapf stören sie manchmal.

Schnauze

Allzweckgerät, das keinen Ruhezustand kennt. Die Schnauze dient sowohl zum Greifen und Transportieren von Gegenständen als auch zum Beißen und Verschlingen derselben. Wenn es dazu ausnahmsweise keine Gelegenheit gibt, werden aus der Schnauze zumindest akustische Signale aller Art (siehe auch Bellen, Jaulen) abgegeben.

Schnüffeln

Die beliebteste Dackel-Droge, die einen herrlichen Rauschzustand garantiert. Das Schnüffeln ist äußerst billig, weil sich dieser Genuß bei jedem Spaziergang überall auf der Straße bietet. Neuerdings ist das Schnüffeln auch bei Menschen in Mode gekommen, hat jedoch bei ihnen oft verheerende gesundheitliche Folgen.

Schönheitschampion

Der dümmste Dackel von allen, der sich bei Zuchtschauen zu entwürdigenden Spielchen hergibt, um es den Zweibeinern recht zu machen. Er zeigt einen unnatürlich gestreckten Gang, macht sich mit übertrieben aufgewecktem Getue interessant, hat ein unangenehm säuberliches Fell und eine durch zwangsweises Fasten herausgebildete Idealfigur (siehe auch Zuchtschau).

Schönheitschampion

Spielzeug

schußfest	Dackel, der auch dann stehenbleibt, wenn der Jäger auf ihn schießt. Dieses höchste Stadium der Jagdeignung wird bei der Gebrauchshundeprüfung mit dem 1. Preis belohnt.
Schweißprüfung	Eine von Zweibeinern ausgeklügelte Methode, um Dackel besonders lange auf die Folter zu spannen. Dabei wird ihnen ständig eine Beute vorgegaukelt, die man oft erst nach strapaziösen Nachtmärschen erreicht und die letztlich doch vom Jäger eingesackt wird.
Selbstgespräch	Wiederholtes Beinheben und anschließendes Beschnuppern an ein und demselben Baum (siehe auch Nachrichten).
Sitz!	Ein von Zweibeinern häufig ausgestoßenes Kommando, das ebenso wie die Worte „Platz!", „Komm!", „Bei Fuß!" und „Aus!" meist einen aggressiven Unterton hat. Ein selbstbewußter Dackel überhört derlei Kommandos dezent oder zeigt allenfalls ein erstauntes Lächeln. Sofern bei Erfüllung des „Sitz!"-Befehls jedoch ein gefüllter Freßnapf oder eine andere Leckerei in Aussicht gestellt werden, sollte man die Situation noch einmal überdenken und sich entgegenkommend verhalten. Ein bißchen Diplomatie erleichtert ohnehin das Zusammenleben mit den Zweibeinern. Und welcher Dackel sieht es nicht gern, wenn die Zweibeiner sich einmal richtig freuen!
Spielzeug	Oberbegriff für Gummiknochen, Plastikbälle und Kunststoffmäuse, die zur Erheiterung des Hundes angeboten werden, aber meist nur unbeachtet in der Ecke liegen bleiben. Nie können sie die Vielzahl ursprünglicher Spielgeräte ersetzen, die in jedem Haushalt zu finden sind, wie zum Beispiel Schuhe, Socken, Hüte, Handschuhe, Zeitungen, Sofakissen, Blumentöpfe und dergleichen mehr.

stubenrein

Stammbaum

Ahnengalerie, die beim Dackel aus so vielen klangvollen Adelstiteln besteht, daß die meisten Zweibeiner nur ehrfürchtig erschaudern können. Ein kleiner Abglanz des Dackels fällt aber auch auf Herrchen und Frauchen, die zwar nicht von Adel sind, aber als Domestiken für das Wohl von Dackelherr und Dackeldame sorgen dürfen.

Stöbern

Abenteuersportart für körperbewußte Dackel, die unter unwirtlichen Bedingungen in Wald und Flur betrieben wird. Beim Stöbern geht es darum, jenseits ausgetretener Pfade durch die Wildnis zu preschen und dabei einer Spur zu folgen. Erschwert wird dieses Hobby dadurch, daß die Spuren häufig im Zickzackkurs durchs Unterholz führen und sich wechselseitig vermischen. Nach dem Stöbern kann man das befriedigende Gefühl genießen, wieder einmal die Grenzen der eigenen Leistungsfähigkeit erkundet zu haben.

Streich

Gesellschaftsspiel mit dem Dackel als Mittelpunkt, das insbesondere an langweiligen Regentagen für allgemeine Erheiterung sorgt. Streiche sind um so wirkungsvoller, je mehr Überraschungseffekte sie enthalten. Das regelmäßige Verstecken von Herrchens Hausschuhen büßt zum Beispiel mit der Zeit an Originalität ein. Das Mitbringen und Laufenlassen von fremden Tieren wie Ratten und Mäusen ist dagegen immer wieder für eine Überraschung gut. Auch das Durchbeißen des Telefonkabels und das Ausschütten des Mülleimers zählen zu den gelungenen Streichen.

stubenrein

Ein von Zweibeinern stolz hervorgehobener Erziehungserfolg („Mein Dackel war schon nach zwei Wochen stubenrein!"), den sie aber seltsamerweise nur auf ihre Hunde und nicht auf sich selber anwenden. Während Hunde selbst bei fürchterlicher Kälte oder heftigem Regenwetter ihre Notdurft draußen vor der Tür verrichten müssen, werden die Zweibeiner niemals stubenrein. Sie haben sich sogar eine besondere Stube eingerichtet, in der sie immer am gleichen Fleck ihrem Bedürfnis nachkommen.

T

Tätowierung Zeichen für die Versklavung des Dackels, das ohne sein Einverständnis am Ohr angebracht wird, was nicht nur wehtut, sondern auch zeitlebens eine Identifizierung ermöglicht. Aber die Tätowierung hat auch ihr Gutes: Da das Herrchen leicht ermittelt werden kann, sind auch gelegentliche Wanderschaften möglich. Ausreißer brauchen sich um den Nachhauseweg nicht zu sorgen: Sie werden auch so immer wieder zurückgebracht.

Taktik Die Kunst, den Menschen das Gefühl zu geben, man wäre ihr ergebener Diener, und sie zugleich unmerklich so zu dressieren, daß sie in Wirklichkeit selbst zum Diener werden.

Teckel Elegante Oberschicht des Dackelvolkes, die sich in Klubs zu sportlichen Übungen und gepflegtem Beisammensein trifft. Rein äußerlich sind Teckel und Dackel identisch, in Sitte und Anstand trennen sie jedoch Welten. Während der Dackel eine unverbildete Frohnatur mit einem Hang zur Rebellion ist, zeigt sich der Teckel entsprechend der Würde seines Standes feinsinnig, wohlerzogen und gelegentlich etwas arrogant. Eine leicht emporgezogene Nase und ein verächtlicher Zug um die Mundwinkel zeugen von dieser Bedeutsamkeit.

Tierarzt Hinterhältiger Folterknecht, der einen mit scheinheiliger Freundlichkeit auf die Folterbank lockt und dann mit greu-

Taktik
ETCHU

Tierheim

lichen Instrumenten traktiert (siehe auch Impfung). Besonders gebräuchlich sind dabei die Spritze und der Ohrenreiniger. Einzig verlockend bei einem Gang zum Tierarzt ist das gesellige Beisammensein mit anderen Tieren im Warteraum. Hier kann man zum Beispiel, sicher geborgen in Herrchens oder Frauchens Arm, den gegenübersitzenden Schäferhund anknurren und zur Weißglut treiben.

Tierheim

Waisenhaus für Vierbeiner, die von ihren Herren schnöde im Stich gelassen wurden. An der Bewohnerzahl des Tierheims läßt sich exakt ablesen, welche Jahreszeit gerade ist. In der Urlaubssaison ist das Heim überfüllt, weil Tiere dann als störend empfunden und ausgesetzt werden. Kurz vor Weihnachten leert sich das Heim, weil man jetzt passende Geschenke für die Kinder sucht. Da die Attraktion der Geschenke schnell nachläßt, ist das Heim dann schon kurz nach Neujahr wieder genauso voll wie vorher. Dackel finden sich selten und wenn, dann nur kurze Zeit im Tierheim. Das liegt vor allem an ihrer leichten Verstaubarkeit, die sie für Urlaubsreisen prädestiniert, aber auch an ihrem vorwurfsvollen Blick, der es selbst abgebrühten Zeitgenossen fast unmöglich macht, sie zu verstoßen.

Tischdecke

Ideales Hilfsmittel für kleine Hunde, um an die auf dem Tisch befindlichen Eßwaren zu gelangen. Dazu wird die Tischdecke mit der Schnauze an einem weit herunterhängenden Zipfel gepackt, während man sich gleichzeitig nach hinten bewegt. Da es beim Herunterfallen von Wurstteller und Käseglocke zu einigem Lärm kommen kann, empfiehlt es sich, vorher abzuklären, ob Herrchen oder Frauchen in Hörweite sind.

Treue

Bereitschaft, für immer an einem einmal gewählten Ort zu bleiben, sofern ein paar Mindestforderungen wie die nach einem gefüllten Freßnapf, einem angenehmen Schlafplatz am

Ofen und einer leidlich guten Behandlung erfüllt werden. Während ein solches Angebot bei Ehepartnern noch lange keine wechselseitige Treue gewährleistet, ist ein Hund leichter zufriedenzustellen, was seine große Beliebtheit erklärt. So ist denn auch die Ehescheidungsrate wesentlich höher als die Zahl der Mensch-Hund-Beziehungen, die in die Brüche gehen.

Trockenfutter Unappetitliche, harte Brocken, die keinen Hund hinter dem Ofen hervorlocken können. Um sie einem schmackhaft zu machen, greifen die Zweibeiner mitunter zu einer List und schütten etwas Bratensoße darüber. Jeder halbwegs intelligente Hund schleckt daraufhin die Soße ab und läßt die Brocken weiterhin liegen.

U

Unschuld Dauerzustand von Dackeln, der insbesondere durch den unschuldigen Blick an Glaubwürdigkeit gewinnt. Ganz egal, ob er den Teppichboden mit schmutzigen Pfoten betreten, eine Blumenvase umgeworfen oder einen Gast gebissen hat: Der Dakkel ist immer und grundsätzlich unschuldig.

Urkundenjäger Besondere Spezies von Waidmännern, die selten in Wald und Flur, dafür aber um so häufiger bei Ausstellungen und Zuchtschauen auf der Pirsch sind. Dackel, die einem Urkundenjäger gehören, werden erbarmungslos von einer Veranstaltung zur anderen transportiert und müssen sich überall von ihrer besten Seite zeigen, damit Herrchen seine Sammlung von Leistungszeichen vervollständigen kann.

Unschuld

Verbote

Urlaub

Schönste Zeit des Jahres, in der man vielfältige neue Sinneseindrücke gewinnt. Der reiselustige Rüde antwortet darauf mit unerschütterlichem Harndrang. Die Vielfalt von bislang unbekannten Bäumen und Laternenmasten hat es verdient, durch permanentes Beinheben gewürdigt zu werden. Besonders talentierte Hunde gehen grundsätzlich nur auf drei Beinen, wodurch sie sich das ewige Auf und Ab des einen Hinterbeines ersparen.

V

Verbote

Von Zweibeinern ersonnene, überwiegend unsinnige Regeln, mit denen sie ihre Macht über die aufbegehrende Hundewelt sichern wollen. Insbesondere die den Hunden auferlegten Zugangsbeschränkungen zu Supermärkten und anderen interessanten öffentlichen Einrichtungen (siehe auch Metzgerladen) stehen im Widerspruch zu den Bestimmungen des Grundgesetzes, in dem von allgemeiner Versammlungs- und Bewegungsfreiheit die Rede ist. Bekanntester Ausdruck des Versuchs, Hunde von allen lebenswichtigen gesellschaftlichen Stätten fernzuhalten, ist das an unzähligen Läden angebrachte Schild „Wir müssen draußenbleiben".

Versicherung

Eine für Dackelbesitzer obligatorische Einrichtung, die dafür sorgt, daß die Forderungen von malträtierten Briefträgern und Versicherungsvertretern befriedigt werden können.

Verstärkung (positive)

Neuzeitliches pädagogisches Instrument, das zunächst bei der Kindererziehung und nun allmählich auch bei der Hundeerziehung an die Stelle der Prügelstrafe getreten ist. Man reagiert dabei nicht mehr auf die Untaten, sondern eher auf die positiven Leistungen und belohnt sie mit guten Worten und einem Lekkerbissen, in der Hoffnung, daß der Hund sich später an den Lohn einer guten Tat erinnern wird. Die positive Verstärkung erfolgt immer dann, wenn der Hund etwas Gutes getan hat, zum Beispiel wenn er auf Rufen sofort zur Stelle ist, sich brav hinsetzt, wenn der Zweibeiner es wünscht, und sich überhaupt von seiner besten Seite zeigt. Da ein Dackel solche Wünsche nur in den seltensten Fällen erfüllt, erlebt er die positive Verstärkung so gut wie nie.

Verwandte

Nette Zweibeiner, bei denen man immer dann abgegeben wird, wenn Herrchen und Frauchen allein in Urlaub gehen wollen oder sonst keine Zeit haben. Von Ausnahmefällen abgesehen, darf man bei den Verwandten alles, was man zu Hause nicht darf, bekommt die besten Speisen vorgesetzt und genießt die absolute Oberherrschaft im Hause. Schwierig ist später nur die Wiederumstellung, wenn Herrchen und Frauchen zurück sind und ihre alten Regeln wiederherstellen wollen.

Visitenkarten

Freigiebig verteiltes Erkennungszeichen, das Zweibeiner in der Brieftasche und Dackel im Bauch mit sich führen. Die Visitenkarte dient dazu, der Umwelt ein Signal der eigenen Bedeutsamkeit zu geben. Je mehr Visitenkarten verteilt werden, um so wichtiger ist man. Die von Hunden bevorzugt verteilte flüssige Variante der Visitenkarte hat ein paar entscheidende Vorteile: Sie kann nicht vom Wind verweht werden, vergilbt nicht und kostet nichts.

W

Wachhund

Vierbeiner, der ständig bellt, wenn irgendwo ein anderer Hund bellt oder ein Vogel übers Dach fliegt. Von Einbrechern läßt er

Wachhund
2
VORSICHT
BISSIGER
HUND!

Wald

sich mit Würsten füttern und ist dann solange still, bis die Wohnung leergeräumt ist.

Wadenbeißer Bezeichnung für eine aktive, auf Bewegungsreize äußert lebhaft reagierende Hundegruppe. Wadenbeißer findet man in allen Hunderassen, unter den Dackeln sind sie jedoch besonders häufig anzutreffen, weil Dackelschnauze und menschliche Wade in etwa auf einer Höhe liegen. Beim Zwergteckel spricht man dementsprechend vom „Knöchelbeißer“.

Wald Gegend, in der so viele Bäume mit so vielen verlockenden Gerüchen stehen, daß man genötigt ist, alle vier Beine gleichzeitig zu heben und dann unweigerlich und überraschend schnell auf der Schnauze landet.

Waldi Inflationär auftretender Dackelname, der jedem kämpferisch eingestellten Dackel zutiefst verhaßt ist. Besonders die Endsilbe „i“ trägt entschieden zur Verniedlichung und Verzärtelung bei. Dackel, die „Waldi“ getauft werden, laufen ständig Gefahr, von guten Tanten gehätschelt und getätschelt zu werden. Dieser Schmach entgeht man nur, wenn man die „Waldi“-Rufe überhört und nur auf so stolze Namen wie „Hasso“, „Ajax“ und „Bello“ reagiert.

Wedeln Permanente Pendelbewegung der Rute, mit der der Dackel sein Wohlwollen ausdrücken will. Das führt bei der Begegnung mit einer Katze oft zu verhängnisvollen Mißverständnissen, da bei ihr das Wedeln genau die entgegengesetzte Bedeutung hat.

Welpe Mobiler Wasserspender, der seine Zeit damit verbringt, Unmengen von Milch zu trinken und die Endergebnisse davon überall in der Wohnung zu verbreiten.

Wettlauf

Sportliche Disziplin, in der Dackel stark gehandicapt sind. Insbesondere auf der längeren Distanz haben sie gegenüber Windhunden und anderen Langbeinern meist das Nachsehen. Dakkel spezialisieren sich deshalb auf die Kurzstrecke. Im Zehn-Meter-Lauf sind sie zum Beispiel fast unschlagbar. Ehe der Windhund seine Beine geordnet hat, ist der Dackel schon auf und davon.

Würger

Dackel-Rambo, der bei der Fuchsjagd alles auf eigene Faust unternimmt, die Beute für sich behält und die mit angelegten Flinten vor dem Bau harrenden Jäger zu Statisten degradiert.

Wurst

Zumeist unerreichbare Köstlichkeit, die entweder im Kühlschrank oder im Speiseschrank gelagert wird. Es gibt für einen Dackel im wesentlichen nur zwei Möglichkeiten, an ein Stück Wurst zu kommen. Der ideale Weg besteht darin, in einem unbewachten Moment mit der Pfote die Schranktür aufzuziehen, die Wurst zu entwenden und das Weite zu suchen. Dies setzt allerdings genaueste Planung und taktische Absicherung voraus. Einfacher ist der legale Weg. Dabei gesellt man sich einfach zu den Zweibeinern hinzu, die gerade beim Abendbrottisch sitzen, und setzt ein so wehmütiges Gesicht auf, daß auch hartherzigen Herrchen der Bissen in der Kehle steckenbleibt (siehe auch Dackelblick).

Z

Zecken

Heimtückische Blutsauger, die von Bäumen und Sträuchern fallen und sich im Fell vergraben. Sieht man von dem unangenehmen Zwicken ab, bieten die Zecken jedoch auch viel Gele-

Wurst

Zweibeiner

genheit zur Erheiterung. Sobald sie sich vollgesogen haben, fallen sie ab und liegen rund wie eine Erbse irgendwo in der Stube. Wenn ein Zweibeiner drauftritt, gibt es erst einen Knall, dann lustige rote Flecke und entsetzte Gesichter.

Zeitung

Ein normalerweise harmloses Papierbündel, das aber in zusammengefaltetem Zustand zu einer gefährlichen Waffe in der Hand von Zweibeinern werden kann. Insbesondere Welpen werden bei Fehlverhalten mit der Zeitung gezüchtigt, was sogar in der Dackel-Fachliteratur als Erziehungsmittel empfohlen wird. Aus dieser prägenden Kindheitserfahrung erklärt sich die natürliche Aversion, die Dackel gegen Zeitungen hegen. Wer an den Briefkasten heranreicht, wird sie daher allmorgendlich gründlich zerfleddern.

Zuchtschau

Unendlich langweiliges und nervtötendes gesellschaftliches Ereignis, bei dem man sich gut benehmen, gut aussehen, gut gehorchen und gute Miene zum bösen Spiel machen muß, während die Zweibeiner dafür diverse Preise einheimsen. Das eigentliche Martyrium beginnt schon vor der Zuchtschau, wenn man immer wieder gestriegelt und gedrillt wird. Das Gemeinste ist, daß man am Tag der Zuchtschau nicht einmal etwas zu essen bekommt, damit man keinen zu trägen und satten Eindruck macht. Die ganze Zeit wird man von neugierigen Zweibeinern angegafft, wird auf einen Tisch gehoben und überall angetatscht und muß schließlich auch noch albern im Ring im Kreis gehen. Wer so dumm ist, alles richtig zu machen, bekommt die Note „vorzüglich“ und muß schon bald zur nächsten Zuchtschau.

Zweibeiner

Kurioses Wesen, dessen Kopf unendlich weit von seinen Füßen entfernt ist. Auch sonst ist der Zweibeiner sehr verkümmert: Er hat nur an wenigen Körperstellen ein Fell, seine Zähne sind völlig unterentwickelt und er kann weder bellen noch jau-

Zwergteckel

len. Damit sie sich trotz dieser Unvollkommenheiten halbwegs in der Welt zurechtfinden, sind Zweibeiner auf die Hilfe eines Hundes angewiesen. Insbesondere Dackel haben ein Herz für Zweibeiner, gehen mit ihnen Gassi und schützen sie mit eindrucksvollen Drohgebärden vor Gefahr.

Zwergteckel

Hunde-Winzling, der im Zeitalter der allgemeinen Miniaturisierung beste Marktchancen hat. Neben Miniradio und Minifernseher ist der Minihund die ideale Lösung für den Minihaushalt.

Zwinger

Fertigungsstätte für den Hundeadel. Im Gegensatz zur ungezügelten Paarung bei anderen Lebewesen wird im Zwinger auf wissenschaftliche und ästhetische Maßstäbe großer Wert gelegt. Insbesondere der Dackeladel zeichnet sich infolgedessen durch bemerkenswerte äußere Schönheit und ein verfeinertes Wesen aus, was man von menschlichen Blaublütlern nicht immer behaupten kann.

Fröh·li·che Wör·ter·bü·cher von A bis Z

ISBN 3–8231–0135–8

ISBN 3–8231–0126–9

ISBN 3–8231–0127–7

ISBN 3–8231–0139–0

ISBN 3–8231–0116–1

ISBN 3–8231–0105–6

ISBN 3–8231–0138–2

ISBN 3–8231–0136–6

ISBN 3–8231–0159–5

ISBN 3–8231–0110–2

ISBN 3–8231–0162–5

ISBN 3–8231–0101–3

ISBN 3–8231–0120–X

ISBN 3–8231–0137–4

ISBN 3–8231–0121–8

ISBN 3–8231–0152–8

ISBN 3–8231–0157–9

ISBN 3–8231–0122–6

ISBN 3–8231–0144–7

ISBN 3–8231–0114–5

TOMUS-Bücher

ISBN 3–8231–0113–7

ISBN 3–8231–0107–2

ISBN 3–8231–0128–5

ISBN 3–8231–0112–9

ISBN 3–8231–0149–8

ISBN 3–8231–0147–1

ISBN 3–8231–0129–3

ISBN 3–8231–0143–9

ISBN 3–8231–0119–6

ISBN 3–8231–0123–4

ISBN 3–8231–0134–X

ISBN 3–8231–0154–4

ISBN 3–8231–0163–3

ISBN 3–8231–0164–1

ISBN 3–8231–0124–2

ISBN 3–8231–0140–4

ISBN 3–8231–0117–X

ISBN 3–8231–0156–0

ISBN 3–8231–0109–9

ISBN 3–8231–0102–1